Vorwort

Liebe Leserinnen und Leser,

Konflikte sind ein unvermeidlicher Bestandteil unseres täglichen Lebens, sowohl im beruflichen als auch im privaten Umfeld. Sie können zu Spannungen und Unannehmlichkeiten führen, aber sie bieten auch die Gelegenheit für Wachstum und Entwicklung. Die Art und Weise, wie wir Konflikte bewältigen, kann den Unterschied zwischen einer zerstörten Beziehung und einer gestärkten, zwischen einer ineffizienten Arbeitsumgebung und einem produktiven Team ausmachen.

Dieses Handbuch widmet sich der Kunst und Wissenschaft der Konfliktbewältigung.
Es ist das Ergebnis jahrelanger Forschung, praktischer Erfahrung und zahlreicher Gespräche mit Experten und Praktikern aus unterschiedlichen Bereichen.

Mein Ziel ist es, Ihnen ein umfassendes Verständnis der Dynamik von Konflikten zu vermitteln und Ihnen effektive Werkzeuge an die Hand zu geben, um diese erfolgreich zu bewältigen.

In den folgenden Kapiteln werden wir zusammen verschiedene Facetten von Konflikten untersuchen: die Ursachen und Auslöser, die unterschiedlichen Arten von Konflikten und die Rollen, die wir in ihnen spielen.
Sie werden Techniken kennenlernen, um Konflikte frühzeitig zu erkennen und zu deeskalieren, sowie Strategien, um Lösungen zu finden, die für alle Beteiligten zufriedenstellend sind.
Besonders betonen möchten ich die Bedeutung der Kommunikation. Oft sind es Missverständnisse oder fehlende Kommunikation, die Konflikte überhaupt erst entstehen lassen. Durch eine offene, respektvolle und empathische Kommunikation können viele Konflikte bereits im Keim erstickt oder auf konstruktive Weise gelöst werden.
Dieses Buch richtet sich an Führungskräfte, Teammitglieder, Mediatoren und jeden, der sein Konfliktmanagement verbessern möchte. Es ist sowohl für Anfänger als auch für Fortgeschrittene geeignet, da es sowohl grundlegende Konzepte als auch fortgeschrittene Techniken abdeckt.

Unsere Welt ist zunehmend vernetzt und komplex, und damit steigt auch die Wahrscheinlichkeit für Missverständnisse und Meinungsverschiedenheiten. Indem wir uns dem Thema Konfliktbewältigung widmen, können wir nicht nur unsere persönlichen Beziehungen und unser Arbeitsumfeld verbessern, sondern auch zu einer friedlicheren und kooperativeren Gesellschaft beitragen.

Ich hoffe, dass Sie aus diesem Buch wertvolle Einsichten und praktische Werkzeuge mitnehmen werden, die Ihnen helfen, Konflikte konstruktiv zu bewältigen und als Chancen für Wachstum und Zusammenarbeit zu sehen.

Mit freundlichen Grüßen,

Martin Breese

Inhalt

Was ist ein Konflikt?

Das Wort "Konflikt" kommt aus der Lateinischen und bedeutet:

"**confligere**" und bedeutet: "**zusammenstoßen / aufeinanderprallen**"

Ein Konflikt ist ein Zustand der Disharmonie oder des Widerstreits zwischen zwei oder mehr Parteien, der durch unterschiedliche Interessen, Bedürfnisse, Werte, Überzeugungen oder Meinungen verursacht wird. Konflikte können in verschiedenen Kontexten auftreten, sei es in persönlichen Beziehungen, am Arbeitsplatz, in Gemeinschaften oder zwischen Nationen.

Konflikte sind ein unvermeidlicher Bestandteil menschlicher Interaktionen und spielen eine wesentliche Rolle in verschiedenen Lebensbereichen, sei es in persönlichen Beziehungen, am Arbeitsplatz, in der Politik oder in der Gesellschaft insgesamt. Trotz der negativen Konnotationen, die oft mit Konflikten verbunden sind, haben sie auch zahlreiche positive Aspekte und können als Motor für Veränderung und Entwicklung dienen.

Hier sind einige der wichtigsten Bedeutungen und Funktionen von Konflikten:

1. Förderung von Wachstum und Entwicklung

Konflikte zwingen Individuen und Organisationen dazu, ihre Überzeugungen, Werte und Verhaltensweisen zu überdenken und zu hinterfragen. Dies kann zu persönlichem Wachstum, Lernen und Entwicklung führen. Durch die Auseinandersetzung mit unterschiedlichen Perspektiven und Meinungen können neue Ideen entstehen und innovative Lösungen gefunden werden.

2. Verbesserung der Kommunikation

Konflikte können dazu beitragen, die Kommunikation zu verbessern. In dem Bemühen, einen Konflikt zu lösen, müssen die beteiligten Parteien oft klarer und offener kommunizieren. Dies kann zu einem besseren Verständnis und einer tieferen Beziehung führen.

3. Stärkung von Beziehungen

Wenn Konflikte auf konstruktive Weise gelöst werden, können sie die Beziehungen zwischen den beteiligten Parteien stärken. Durch das gemeinsame Durcharbeiten von Differenzen und das Finden von Kompromissen wird das Vertrauen und die Verbundenheit zwischen den Beteiligten gestärkt.

4. Erhöhung der Teamdynamik

In Teams können Konflikte dazu führen, dass Mitglieder ihre Rollen und Verantwortlichkeiten klären. Dies kann zu einer besseren Teamdynamik und einer effizienteren Zusammenarbeit führen. Konflikte können auch dazu beitragen, dass verborgene Probleme oder Spannungen ans Licht kommen und adressiert werden.

5. Förderung von Gerechtigkeit und Fairness

Konflikte können dazu beitragen, Ungerechtigkeiten und Ungleichheiten aufzudecken und zu korrigieren. Wenn Menschen für ihre Rechte und Interessen eintreten, kann dies zu faireren und gerechteren Ergebnissen führen. Konflikte spielen daher eine wichtige Rolle in sozialen und politischen Bewegungen.

6. Anpassung und Veränderung

Konflikte sind oft ein Zeichen dafür, dass etwas verändert werden muss. Sie können als Katalysator für Anpassungen und Veränderungen dienen, sei es in Organisationen, Gemeinschaften oder in der Gesellschaft insgesamt. Durch die Bewältigung von Konflikten können alte Strukturen und Systeme überarbeitet und verbessert werden.

7. Selbstreflexion und Bewusstsein

Konflikte bieten eine Gelegenheit zur Selbstreflexion und zum Bewusstsein. Sie fordern die Beteiligten heraus, ihre eigenen Überzeugungen und Verhaltensweisen zu hinterfragen und sich ihrer eigenen Emotionen und Reaktionen bewusst zu werden. Dies kann zu einer tieferen Selbsterkenntnis und emotionalen Intelligenz führen.

8. Motivation zur Lösung von Problemen

Konflikte motivieren die Beteiligten, aktiv nach Lösungen zu suchen und Probleme anzugehen. Anstatt Probleme zu ignorieren oder zu verdrängen, können Konflikte dazu anregen, kreative und effektive Lösungen zu finden. Dies führt zu einer proaktiveren und problemlösungsorientierten Haltung.

Fazit

Konflikte haben eine tiefgreifende Bedeutung und Funktion in unserem Leben. Sie sind nicht nur unvermeidlich, sondern auch notwendig für persönliches und kollektives Wachstum, Entwicklung und Veränderung. Durch effektives Konfliktmanagement können wir lernen, Konflikte als Chancen zu sehen, um unsere Kommunikation zu verbessern, unsere Beziehungen zu stärken und positive Veränderungen herbeizuführen. Anstatt Konflikte zu fürchten oder zu vermeiden, sollten wir uns bemühen, sie konstruktiv und lösungsorientiert anzugehen.

Aber was ist ein Konflikt genau betrachtet?

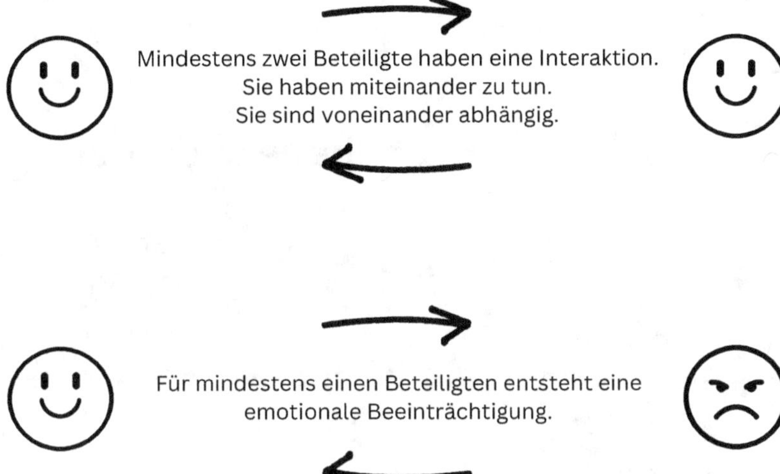

Die Frage ist,
warum für den einen Beteiligten
eine emotionale Beeinträchtigung gegeben ist?

Normaler Weise kommunizieren wir im Beruf vorwiegend auf der Sachebene. Auf der Sachebene bewegen wir uns immer dann, wenn es um den reinen Austausch von Informationen, Fakten oder Daten geht. Gleichzeitig gibt es immer noch weitere Ebenen, die in der Kommunikation -oft unbewusst- mitschwingen. Eine wichtige Rolle kommt dabei der Beziehungsebene zu.

Die Beziehungsebene sagt aus, wie der eine zum anderen steht, was er von ihm hält. Oft geht dies nur indirekt, aus der Art, wie einer etwas sagt, über Mimik, Gestik, die Körperhaltung, oder aus dem Tonfall hervor.

So lange diese impliziten Beziehungsbotschaften von beiden Seiten als neutral oder positiv erlebt werden, gibt es in der Regel keinen Konflikt.

Sobald sich jedoch eine Person schlecht behandelt fühlt, kommt es zu einer Störung auf der Beziehungsebene.

Die Sach- und Beziehungsebene anhand Eisbergmodell

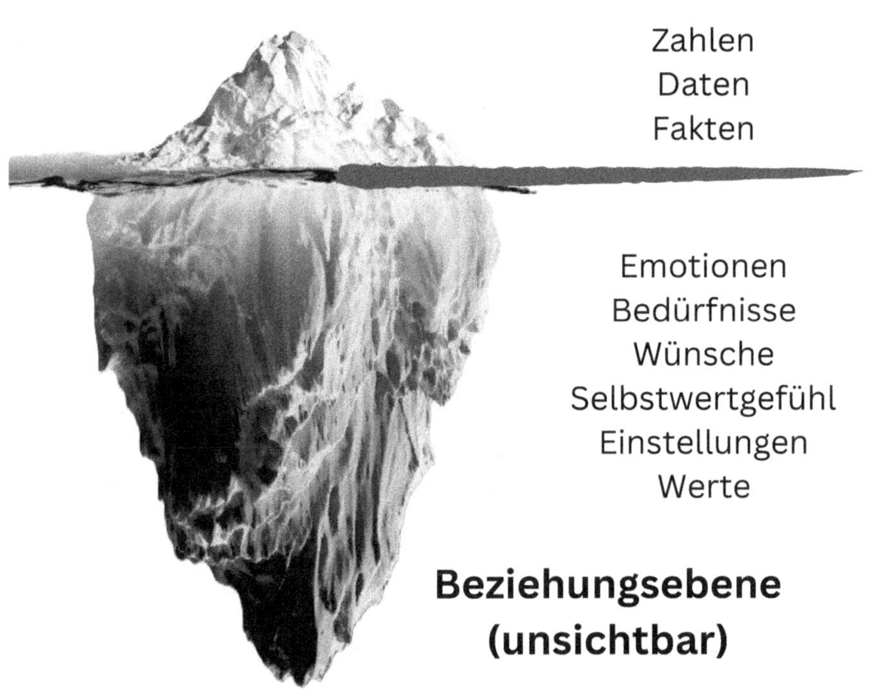

Unterschiede zwischen beruflichen- und privaten Konflikten

Berufliche und private Konflikte unterscheiden sich in mehreren Aspekten, darunter ihre Ursachen, die beteiligten Personen, die Auswirkungen auf die Beteiligten und die Art und Weise, wie sie gehandhabt werden. Hier sind die wichtigsten Unterschiede:

1. Kontext und Umgebung

Berufliche Konflikte:
- Ort: Treten hauptsächlich am Arbeitsplatz oder im Zusammenhang mit beruflichen Aktivitäten auf.
- Beteiligte: Kollegen, Vorgesetzte, Mitarbeiter, Kunden oder Geschäftspartner.
- Strukturen: Sind oft durch organisatorische Hierarchien, Regeln und Richtlinien beeinflusst.

Private Konflikte:
- Ort: Treten in persönlichen Lebensbereichen wie Familie, Freundschaften, romantischen Beziehungen oder Nachbarschaften auf.
- Beteiligte: Familienmitglieder, Partner, Freunde, Nachbarn oder andere persönliche Kontakte.
- Strukturen: Sind weniger formell und basieren stärker auf persönlichen Bindungen und emotionalen Verbindungen.

2. Ursachen und Auslöser

Berufliche Konflikte:
- Leistungsdruck: Konflikte können durch unterschiedliche Ansichten über Arbeitsleistung, Ziele und Verantwortlichkeiten entstehen.
- Ressourcenverteilung: Konkurrenz um Ressourcen wie Budget, Personal oder Zeit.
- Kommunikationsprobleme: Missverständnisse oder unklare Kommunikation am Arbeitsplatz.
- Macht und Autorität: Auseinandersetzungen über Entscheidungsbefugnisse und Führungsstile.

Private Konflikte:
- Emotionale Bindungen: Konflikte entstehen oft aus emotionalen Bedürfnissen und persönlichen Erwartungen.
- Werte und Überzeugungen: Unterschiedliche Werte, Lebensansichten oder Glaubenssysteme.
- Rollen und Verantwortlichkeiten: Spannungen über Haushaltsaufgaben, Kindererziehung oder finanzielle Entscheidungen.
- Intimität und Vertrauen: Probleme im Zusammenhang mit Vertrauen, Loyalität oder persönlichem Raum.

3. Auswirkungen

Berufliche Konflikte:
- Leistungsfähigkeit: Können die Produktivität und Effizienz beeinträchtigen.
- Arbeitsklima: Einfluss auf die Arbeitsatmosphäre und das Teamklima.
- Karriere: Potenziell negative Auswirkungen auf Karriereentwicklung und berufliche Beziehungen.
- Reputation: Können das Ansehen innerhalb des Unternehmens oder bei Kunden schädigen.

Private Konflikte:
- Emotionale Belastung: Starke emotionale Auswirkungen wie Stress, Angst oder Traurigkeit.
- Beziehungen: Können Beziehungen schwächen oder sogar zu deren Ende führen.
- Familienleben: Einfluss auf das Wohlbefinden und das Zusammenleben innerhalb der Familie.
- Gesundheit: Langfristige persönliche Konflikte können sich negativ auf die körperliche und geistige Gesundheit auswirken.

Die 3 Hauptarten von Konflikten

Um einen Konflikt effektiv lösen zu können, muss man erstmal verstehen, um was es sich für ein Konflikt handelt.

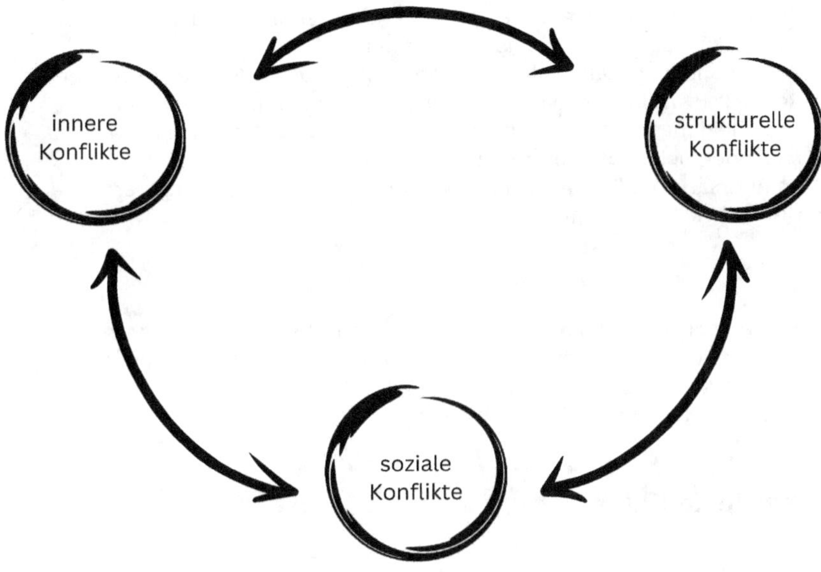

Konflikte lassen sich in verschiedene Kategorien einteilen, wobei sich drei Hauptarten besonders häufig unterscheiden lassen:
innere Konflikte, strukturelle Konflikte und soziale Konflikte. Diese drei Arten von Konflikten haben jeweils unterschiedliche Ursachen, Merkmale und Auswirkungen.

1. Innere Konflikte

Definition: Innere Konflikte treten innerhalb einer einzelnen Person auf. Sie entstehen, wenn eine Person innere Widersprüche oder Dilemmata erlebt.

Ursachen:

- Wertekonflikte: Wenn eine Person zwischen zwei widersprüchlichen Werten oder Überzeugungen hin- und hergerissen ist.
- Rollen- und Identitätskonflikte: Wenn die Anforderungen verschiedener Rollen (z.B. als Elternteil und Berufstätiger) miteinander kollidieren.
- Entscheidungskonflikte: Wenn eine Person Schwierigkeiten hat, zwischen zwei oder mehr Optionen zu wählen.
- Emotionale Konflikte: Wenn innere Gefühle wie Angst, Schuld oder Unsicherheit zu Spannungen führen.

Beispiele:

- Eine Person, die sich zwischen einer sicheren, aber unerfüllten Karriere und einer risikoreichen, aber potenziell erfüllten Karriere entscheiden muss.
- Ein Individuum, das zwischen der Loyalität gegenüber der Familie und der eigenen persönlichen Freiheit hin- und hergerissen ist.

2. Soziale Konflikte

Definition: Soziale Konflikte treten zwischen zwei oder mehr Personen auf. Sie entstehen durch Meinungsverschiedenheiten, Missverständnisse oder unterschiedliche Interessen und Bedürfnisse.

Ursachen:

- Kommunikationsprobleme: Missverständnisse, unklare Kommunikation oder mangelnde Kommunikation.
- Unterschiedliche Werte und Überzeugungen: Differenzen in Bezug auf moralische, religiöse oder politische Ansichten.
- Persönliche Differenzen: Unterschiedliche Persönlichkeiten, Verhaltensweisen oder Lebensstile.
- Ressourcenkonkurrenz: Konflikte um begrenzte Ressourcen wie Zeit, Geld oder Aufmerksamkeit.

Beispiele:

- Auseinandersetzungen zwischen Kollegen über die Zuweisung von Aufgaben oder Verantwortlichkeiten.
- Konflikte zwischen Ehepartnern über finanzielle Entscheidungen oder Kindererziehung.

3. Strukturelle Konflikte

Definition: Strukturelle Konflikte treten zwischen verschiedenen Gruppen oder innerhalb einer Gruppe auf. Diese Konflikte können innerhalb von Teams, Abteilungen oder zwischen verschiedenen sozialen, ethnischen oder politischen Gruppen auftreten.

Ursachen:

- Ressourcenkonkurrenz: Wettbewerb um begrenzte Ressourcen wie Budget, Personal oder Unterstützung.
- Machtkämpfe: Konflikte um Kontrolle, Autorität und Einfluss innerhalb oder zwischen Gruppen.
- Gruppenidentität: Unterschiede in der Gruppenidentität, kulturellen Werten oder sozialen Normen.
- Unterschiedliche Ziele: Widersprüchliche Ziele oder Prioritäten zwischen verschiedenen Gruppen.

Beispiele:

- Konflikte zwischen verschiedenen Abteilungen in einem Unternehmen über die Zuteilung von Ressourcen.
- Spannungen zwischen verschiedenen sozialen oder ethnischen Gruppen innerhalb einer Gemeinschaft.

Zusammenfassung:

Diese drei Hauptarten von Konflikten – innere, soziale und strukturelle Konflikte zeigen, dass Konflikte auf unterschiedlichen Ebenen und aus verschiedenen Gründen auftreten können.
Das Verständnis dieser Konflikttypen ist entscheidend für die Entwicklung geeigneter Strategien zur Konfliktbewältigung und Konfliktlösung.

Indem man die spezifischen Merkmale und Ursachen jedes Konflikttyps erkennt, kann man effektiver auf die Herausforderungen reagieren und konstruktive Lösungen finden.

Die Unterarten der Konflikte

Verteilungskonflikt

Ein Verteilungskonflikt entsteht, wenn zwei oder mehr Parteien um begrenzte Ressourcen konkurrieren. Diese Art von Konflikt dreht sich um die Frage, wie vorhandene Ressourcen, wie Geld, Zeit, Macht, Land, oder andere wertvolle Güter, fair und gerecht verteilt werden sollen. Verteilungskonflikte sind häufig in verschiedenen Bereichen des Lebens zu finden, einschließlich in der Wirtschaft, in Organisationen, innerhalb von Familien und in der Politik.

Merkmale eines Verteilungskonflikts

- **Begrenzte Ressourcen:**

  - Der zentrale Punkt eines Verteilungskonflikts ist das Vorhandensein begrenzter Ressourcen. Diese Begrenzung führt dazu, dass nicht alle Beteiligten ihre Wünsche oder Bedürfnisse vollständig befriedigen können.

- **Konkurrenz:**

  - Parteien konkurrieren darum, ihren Anteil an den Ressourcen zu sichern. Diese Konkurrenz kann zu Spannungen und Auseinandersetzungen führen.

- **Unterschiedliche Interessen:**

  - Die beteiligten Parteien haben unterschiedliche Interessen, Wünsche oder Bedürfnisse bezüglich der Ressourcenverteilung. Diese unterschiedlichen Interessen stehen oft im Widerspruch zueinander.

Beispiele für Verteilungskonflikte

- **Arbeitsplatz:**

  - Konflikte über die Zuweisung von Budgets, Boni oder Gehaltserhöhungen.
  - Spannungen zwischen Abteilungen über die Zuweisung von Personal oder Arbeitsmitteln.

- **Familie:**

  - Streitigkeiten darüber, wie finanzielle Ressourcen innerhalb der Familie aufgeteilt werden.
  - Konflikte über die Verteilung von Zeit und Aufmerksamkeit, zum Beispiel wie viel Zeit ein Elternteil mit jedem Kind verbringt.

- **Gesellschaft:**

  - Politische Konflikte über die Verteilung von Steuereinnahmen oder staatlichen Subventionen.
  - Konflikte über die Nutzung von Land oder natürlichen Ressourcen zwischen verschiedenen Interessengruppen (z.B. Landwirte, Umweltschützer, Unternehmen).

Ursachen von Verteilungskonflikten

- **Knappheit:**

  - Die Knappheit an Ressourcen wie Geld, Zeit, Macht oder Materialien führt zu Verteilungskonflikten. Wenn Ressourcen begrenzt sind, entsteht ein Wettbewerb um ihren Zugang und ihre Nutzung.

- **Unterschiedliche Prioritäten:**

  - Verschiedene Parteien haben unterschiedliche Prioritäten und Ziele hinsichtlich der Nutzung und Verteilung von Ressourcen.

- **Ungerechtigkeit:**

  - Wahrgenommene oder tatsächliche Ungerechtigkeit bei der Ressourcenverteilung kann zu Konflikten führen. Wenn eine Partei glaubt, dass sie unfair behandelt wird, kann dies Spannungen und Auseinandersetzungen verursachen.

Verteilungskonflikte sind in vielen Lebensbereichen allgegenwärtig und können erhebliche Spannungen und Herausforderungen mit sich bringen. Das Verständnis der Ursachen und Merkmale von Verteilungskonflikten sowie die Anwendung geeigneter Strategien zur Konfliktbewältigung sind entscheidend, um faire und nachhaltige Lösungen zu finden und eine positive Dynamik in Beziehungen und Organisationen aufrechtzuerhalten.

Zielkonflikt

Ein Zielkonflikt entsteht, wenn zwei oder mehr Parteien oder sogar eine einzelne Person unterschiedliche, oft widersprüchliche Ziele verfolgen, die nicht gleichzeitig erreicht werden können. Zielkonflikte können sowohl im beruflichen als auch im privaten Bereich auftreten und erfordern oft Kompromisse, Priorisierungen und strategische Entscheidungen, um eine zufriedenstellende Lösung zu finden.

Merkmale eines Zielkonflikts

- **Unvereinbare Ziele:**

  - Die zentralen Ziele der beteiligten Parteien stehen in direktem Widerspruch zueinander oder sind schwer miteinander zu vereinbaren.

- **Priorisierung:**

  - Es muss eine Entscheidung darüber getroffen werden, welches Ziel vorrangig behandelt werden soll, was oft bedeutet, dass andere Ziele vernachlässigt oder aufgegeben werden müssen.

- **Spannungen und Dilemmata:**

  - Zielkonflikte führen zu Spannungen und Dilemmata, da die Erreichung eines Ziels die Erreichung eines anderen Ziels beeinträchtigen kann.

Beispiele für Zielkonflikte

- **Beruflicher Kontext:**

  - Ein Unternehmen möchte sowohl die Produktionskosten senken als auch die Produktqualität erhöhen. Diese Ziele können in Konflikt geraten, da Kostensenkungen oft Qualitätskompromisse erfordern.

  - Ein Mitarbeiter möchte mehr Zeit mit seiner Familie verbringen, gleichzeitig aber auch beruflich aufsteigen, was mehr Arbeitsstunden und Engagement erfordert.

- **Privater Kontext:**

  - Ein Student möchte hohe akademische Leistungen erbringen und gleichzeitig ein aktives soziales Leben führen. Diese Ziele können konkurrieren, da sowohl das Studium als auch soziale Aktivitäten Zeit und Energie erfordern.

  - Eine Person möchte gesünder leben und mehr Sport treiben, hat aber gleichzeitig berufliche Verpflichtungen, die viel Zeit und Energie in Anspruch nehmen.

- **Gesellschaftlicher Kontext:**

  - Eine Regierung möchte sowohl die Wirtschaftswachstums fördern als auch die Umwelt schützen. Wirtschaftliche Entwicklung kann jedoch oft zu Umweltbelastungen führen.

  - Eine Stadtverwaltung möchte den öffentlichen Nahverkehr ausbauen und gleichzeitig das Budget stabil halten. Die Investition in den Nahverkehr könnte das Budget belasten.

Ursachen von Zielkonflikten

- **Unterschiedliche Prioritäten:**

  - Verschiedene Parteien haben unterschiedliche Prioritäten und Werte, was zu widersprüchlichen Zielen führen kann.

- **Ressourcenknappheit:**

  - Begrenzte Ressourcen wie Zeit, Geld oder Personal können dazu führen, dass nicht alle Ziele gleichzeitig erreicht werden können.

- **Unterschiedliche Perspektiven:**

  - Unterschiedliche Abteilungen, Gruppen oder Individuen haben verschiedene Perspektiven und Herangehensweisen, was zu divergierenden Zielen führen kann.

Zielkonflikte sind ein häufiger Bestandteil des Lebens und treten in vielen verschiedenen Kontexten auf. Das Verständnis der Natur von Zielkonflikten und die Anwendung geeigneter Strategien zur Bewältigung dieser Konflikte sind entscheidend, um effektive und nachhaltige Lösungen zu finden. Durch Kompromissfindung, Priorisierung, Verhandlungen und Mediation können Zielkonflikte konstruktiv gelöst werden, was letztlich zu einer besseren Zusammenarbeit und Zielerreichung führt.

Interessenkonflikt

Ein Interessenkonflikt tritt auf, wenn eine Person oder eine Organisation in einer Situation ist, in der mehrere Interessen aufeinandertreffen, die nicht gleichzeitig ohne Kompromisse oder potenziell unethisches Verhalten erfüllt werden können. Dieser Konflikt entsteht, weil die Beteiligten private oder persönliche Interessen haben, die ihren beruflichen, öffentlichen oder institutionellen Pflichten entgegenstehen könnten.

Merkmale eines Interessenkonflikts

- **Gegensätzliche Interessen:**

  - Es gibt konkurrierende Interessen, die sich nicht gleichzeitig auf faire und ethische Weise erfüllen lassen.

- **Einfluss auf Entscheidungen:**

  - Die betroffene Person oder Organisation könnte Entscheidungen treffen, die von ihren persönlichen Interessen beeinflusst sind und nicht im besten Interesse der betroffenen Parteien oder der Organisation liegen.

- **Mangelnde Objektivität:**

  - Die Objektivität und Unparteilichkeit der Entscheidungsträger können beeinträchtigt sein, was zu potenziellen Vorurteilen oder unethischem Verhalten führt.

Beispiele für Interessenkonflikte

- **Beruflicher Kontext:**

  - Ein Manager in einem Unternehmen besitzt Aktien eines Zulieferers, über dessen Vertrag er entscheiden muss. Seine persönlichen finanziellen Interessen könnten seine Entscheidungsfindung beeinflussen.

  - Ein Arzt erhält finanzielle Anreize von einem Pharmaunternehmen und verschreibt bevorzugt deren Medikamente, auch wenn andere Medikamente besser für den Patienten geeignet wären.

- **Politischer Kontext:**

  - Ein Politiker hat private Geschäftsinteressen in einem Sektor, der von seinen politischen Entscheidungen profitieren könnte.

  - Ein Regierungsbeamter, der für die Vergabe von Bauaufträgen zuständig ist, hat enge persönliche Beziehungen zu einem der Bieter.

- **Privater Kontext:**

  - Ein Mitglied eines Gemeinderats stimmt über eine Bauentscheidung ab, von der er persönlich finanziell profitieren würde, weil er Land in der Nähe besitzt.

  - Ein Schulvorstand, der gleichzeitig ein Geschäft betreibt, das Schulmaterialien verkauft, könnte Entscheidungen treffen, die seinem Geschäft zugutekommen.

Ursachen von Interessenkonflikten

- **Finanzielle Interessen:**

  - Persönliche finanzielle Gewinne oder Verluste können zu Interessenkonflikten führen.

- **Persönliche Beziehungen:**

  - Enge Beziehungen zu Familie, Freunden oder Geschäftspartnern können Entscheidungen beeinflussen.

- **Berufliche Ambitionen:**

  - Karriereziele oder der Wunsch nach beruflichem Aufstieg können zu unethischem Verhalten führen.

- **Mehrfachrollen:**

  - Wenn eine Person mehrere Rollen oder Positionen innehat, die widersprüchliche Interessen haben.

Interessenkonflikte sind in vielen Bereichen des Lebens allgegenwärtig und können die Integrität und Objektivität von Entscheidungen beeinträchtigen. Das Verständnis und die aktive Bewältigung von Interessenkonflikten sind entscheidend, um ethisches Verhalten und faire Entscheidungsprozesse zu gewährleisten. Durch Transparenz, klare Richtlinien und geeignete Mechanismen zur Trennung von Interessen können Interessenkonflikte identifiziert, vermieden und konstruktiv gelöst werden.

Beurteilungskonflikt

Ein Beurteilungskonflikt entsteht, wenn unterschiedliche Ansichten, Bewertungen oder Einschätzungen über eine bestimmte Situation, Leistung, Person oder Entscheidung aufeinandertreffen. Solche Konflikte treten häufig auf, weil Menschen unterschiedliche Perspektiven, Wissensstände, Erfahrungen oder Bewertungsmaßstäbe haben. Diese Art von Konflikt kann sowohl im beruflichen als auch im privaten Kontext vorkommen.

Merkmale eines Beurteilungskonflikts

- **Unterschiedliche Bewertungen:**

  - Beteiligte haben unterschiedliche Meinungen oder Einschätzungen über die Qualität oder den Wert von etwas.

- **Subjektivität:**

  - Beurteilungskonflikte sind oft subjektiv, da sie stark von individuellen Wahrnehmungen und persönlichen Standards abhängen.

- **Kommunikationsprobleme:**

  - Solche Konflikte können durch Missverständnisse oder unklare Kommunikation verschärft werden.

Beispiele für Beurteilungskonflikte

- **Beruflicher Kontext:**

  - Leistungsbeurteilung: Ein Mitarbeiter fühlt sich ungerecht bewertet, weil sein Vorgesetzter seine Leistung anders einschätzt als er selbst.

  - Projektbewertung: Teammitglieder haben unterschiedliche Meinungen über den Erfolg oder die Qualität eines abgeschlossenen Projekts.

- **Bildungsbereich:**

  - Schüler- und Lehrerbewertung: Ein Schüler erhält eine Note, die er als ungerecht empfindet, weil er die Bewertungskriterien anders versteht als der Lehrer.

  - Akademische Forschung: Wissenschaftler haben unterschiedliche Meinungen über die Qualität und Bedeutung einer Forschungsarbeit.

- **Privater Kontext:**

  - Kunst und Kultur: Familienmitglieder haben unterschiedliche Ansichten über den künstlerischen Wert eines Gemäldes oder Films.

  - Erziehung: Eltern haben unterschiedliche Ansichten über die beste Methode zur Erziehung ihrer Kinder.

Ursachen von Beurteilungskonflikten

- **Unterschiedliche Bewertungsmaßstäbe:**

  - Verschiedene Personen verwenden unterschiedliche Kriterien oder Standards, um etwas zu beurteilen.

- **Wissens- und Informationsunterschiede:**

  - Unterschiedenes Wissen oder ungleicher Zugang zu Informationen kann zu unterschiedlichen Einschätzungen führen.

- **Persönliche Präferenzen und Vorurteile:**

  - Individuelle Vorlieben, Erfahrungen und Vorurteile beeinflussen die Wahrnehmung und Bewertung.

- **Kommunikationsmängel:**

  - Missverständnisse und unklare Kommunikation können die Meinungsverschiedenheiten verstärken.

Beurteilungskonflikte sind in vielen Bereichen des Lebens häufig und können zu Spannungen und Missverständnissen führen. Durch das Verständnis der Ursachen und Merkmale solcher Konflikte sowie die Anwendung geeigneter Bewältigungsstrategien können Beurteilungskonflikte konstruktiv gelöst werden. Eine offene Kommunikation, klare Bewertungskriterien und eine Kultur des gegenseitigen Respekts und Feedbacks sind entscheidend, um Beurteilungskonflikte zu minimieren und positive Ergebnisse zu erzielen.

Beziehungskonflikt

Interaktionen und Beziehungen zwischen Personen beeinträchtigen. Diese Konflikte haben ihre Wurzeln oft in persönlichen Emotionen, Kommunikationsproblemen, Missverständnissen, unterschiedlichen Werten, Erwartungen und Persönlichkeitsunterschieden. Beziehungskonflikte können sowohl in beruflichen als auch in privaten Kontexten auftreten und haben oft tiefere emotionale und psychologische Auswirkungen als andere Konfliktarten.

Merkmale eines Beziehungskonflikts

- **Emotionale Spannungen:**

  - Beziehungskonflikte sind stark von Emotionen wie Wut, Frustration, Eifersucht oder Groll geprägt.

- **Missverständnisse und Kommunikationsprobleme:**

  - Fehlkommunikation und Missverständnisse spielen oft eine zentrale Rolle in Beziehungskonflikten.

- **Unterschiedliche Werte und Erwartungen:**

  - Konflikte entstehen häufig aufgrund unterschiedlicher Werte, Überzeugungen oder Erwartungen zwischen den Beteiligten.

- **Persönlichkeitsunterschiede:**
  - Unterschiede in den Persönlichkeiten und Verhaltensweisen der beteiligten Personen können zu Spannungen führen.

Beispiele für Beziehungskonflikte

- **Beruflicher Kontext:**

  - Konflikte zwischen Kollegen: Spannungen aufgrund unterschiedlicher Arbeitsstile, Konkurrenzdenken oder persönlicher Antipathien.

  - Chef-Mitarbeiter-Beziehungen: Konflikte entstehen durch unterschiedliche Erwartungen, mangelnde Anerkennung oder autoritäres Führungsverhalten.

- **Privater Kontext:**

  - Familienkonflikte: Streitigkeiten zwischen Familienmitgliedern aufgrund unterschiedlicher Werte, Erwartungen oder Kommunikationsprobleme.

  - Partnerschaftskonflikte: Spannungen zwischen Partnern aufgrund von Eifersucht, mangelnder Kommunikation oder unterschiedlichen Lebenszielen.

- **Freundschaften:**

  - Missverständnisse und Enttäuschungen: Konflikte entstehen durch Missverständnisse, unterschiedliche Erwartungen oder wahrgenommene Verletzungen.

Ursachen von Beziehungskonflikten

- **Kommunikationsprobleme:**

  - Mangelnde oder fehlerhafte Kommunikation führt zu Missverständnissen und erhöhten Spannungen.

- **Unterschiedliche Erwartungen:**

  - Unterschiedliche Erwartungen an die Beziehung oder die Interaktionen führen zu Enttäuschungen und Konflikten.

- **Unterschiedliche Werte und Überzeugungen:**

  - Differenzen in Bezug auf grundlegende Werte und Überzeugungen können zu tiefgreifenden Spannungen führen.

- **Persönlichkeitsunterschiede:**

  - Unterschiedliche Persönlichkeiten und Verhaltensweisen tragen häufig zu Beziehungskonflikten bei.

- **Verletzte Gefühle:**

  - Wahrgenommene oder tatsächliche Verletzungen, Ungerechtigkeiten oder Kränkungen führen zu emotionalen Spannungen.

Beziehungskonflikte sind ein natürlicher Bestandteil des menschlichen Zusammenlebens und treten in vielen verschiedenen Kontexten auf. Sie können tiefgehende emotionale und psychologische Auswirkungen haben, weshalb ihre Bewältigung oft anspruchsvoll ist. Das Verständnis der Ursachen und Merkmale von Beziehungskonflikten sowie die Anwendung geeigneter Strategien zur Konfliktlösung sind entscheidend, um gesunde und konstruktive Beziehungen aufrechtzuerhalten. Offene Kommunikation, Empathie, Verständnis und regelmäßige Reflexion sind Schlüsselfaktoren, um Beziehungskonflikte erfolgreich zu bewältigen und die Beziehungen zu stärken.

Rollenkonflikt

Ein Rollenkonflikt tritt auf, wenn eine Person unterschiedliche und oft widersprüchliche Anforderungen, Erwartungen oder Verpflichtungen aus verschiedenen sozialen Rollen, die sie innehat, gleichzeitig erfüllen muss. Diese Konflikte entstehen häufig, weil die Rollen einer Person in verschiedenen Lebensbereichen (z. B. Beruf, Familie, Freundeskreis) unterschiedliche Verhaltensweisen und Prioritäten erfordern, die nicht immer miteinander vereinbar sind.

Merkmale eines Rollenkonflikts

- **Widersprüchliche Erwartungen:**

  - Eine Person sieht sich mit unterschiedlichen und widersprüchlichen Erwartungen aus verschiedenen Rollen konfrontiert.

- **Zeit- und Ressourcenkonflikte:**

  - Die Anforderungen der verschiedenen Rollen konkurrieren um die begrenzte Zeit und Energie der Person.

- **Stress und Überforderung:**

  - Rollenkonflikte können zu Stress, Überforderung und emotionaler Belastung führen.

- **Identitätskonflikte:**

  - Die betroffene Person kann Schwierigkeiten haben, ihre Identität und Prioritäten klar zu definieren, wenn sie ständig zwischen verschiedenen Rollen hin- und hergerissen ist.

Beispiele für Rollenkonflikte

- **Beruf und Familie:**

  - Ein Elternteil, der beruflich stark engagiert ist, muss die Anforderungen des Arbeitsplatzes mit den Erwartungen und Bedürfnissen der Familie in Einklang bringen.

- **Führungskraft und Freund:**

  - Eine Person, die eine Führungsposition innehat und gleichzeitig enge Freundschaften zu Kollegen pflegt, kann in Konflikte geraten, wenn sie berufliche Entscheidungen treffen muss, die die Freunde betreffen.

- **Studium und Nebenjob:**

  - Ein Student, der neben dem Studium arbeitet, muss die akademischen Anforderungen mit den Verpflichtungen aus dem Nebenjob in Einklang bringen.

- **Ehrenamt und Privatleben:**

  - Eine Person, die sich ehrenamtlich engagiert, muss die Zeit und Energie, die sie für das Ehrenamt aufwendet, mit den Bedürfnissen und Erwartungen aus dem Privatleben abstimmen.

Ursachen von Rollenkonflikten

- **Vielfältige Rollen:**

  - Menschen übernehmen im Laufe ihres Lebens viele verschiedene Rollen, die unterschiedliche Anforderungen stellen.

- **Unrealistische Erwartungen:**

  - Unrealistische Erwartungen und Anforderungen seitens der Gesellschaft, des Arbeitsumfelds oder der Familie können zu Rollenkonflikten führen.

- **Mangelnde Abgrenzung:**

  - Schwierigkeiten, klare Grenzen zwischen den verschiedenen Rollen zu ziehen, können zu Konflikten und Überlastung führen.

- **Unzureichende Ressourcen:**

  - Begrenzte Zeit, Energie und andere Ressourcen können dazu führen, dass die Anforderungen der verschiedenen Rollen nicht gleichzeitig erfüllt werden können.

Rollenkonflikte sind ein häufiges Phänomen in einer komplexen und schnelllebigen Gesellschaft, in der Menschen viele verschiedene Rollen übernehmen müssen. Diese Konflikte können erheblichen Stress und Überforderung verursachen, wenn sie nicht angemessen bewältigt werden. Durch Prioritätensetzung, effektives Zeitmanagement, Delegation von Aufgaben, klare Grenzen und offene Kommunikation können Rollenkonflikte besser gemeistert werden. Es ist wichtig, auf die eigene Gesundheit und das Wohlbefinden zu achten und gegebenenfalls Unterstützung zu suchen, um eine ausgewogene und erfüllte Lebensweise zu erreichen.

Bewältigung und Lösungen von Konflikten

Verteilungskonflikt

Verhandlungen:

- Verhandlung ist eine zentrale Methode zur Lösung von Verteilungskonflikten. Durch Verhandlungen können die beteiligten Parteien versuchen, zu einem Kompromiss oder einer Einigung zu gelangen.

Mediation:

- Eine neutrale Drittpartei kann als Mediator auftreten und den Konfliktparteien helfen, eine faire und gerechte Lösung zu finden.

Transparenz:

- Transparente und offene Kommunikation über die Verteilungskriterien und Entscheidungsprozesse kann helfen, Missverständnisse zu klären und Vertrauen aufzubauen.

Faire Regeln und Verfahren:

- Die Etablierung klarer und fairer Regeln und Verfahren zur Ressourcenverteilung kann helfen, Konflikte zu minimieren und eine gerechte Verteilung sicherzustellen.

Gemeinsame Ziele:

- Das Identifizieren und Fördern gemeinsamer Ziele kann den Parteien helfen, zusammenzuarbeiten und Lösungen zu finden, die für alle akzeptabel sind.

Zielkonflikt

Kompromissfindung:

- Die beteiligten Parteien müssen oft Kompromisse eingehen, bei denen einige Ziele teilweise erreicht werden, während andere zurückgestellt oder angepasst werden.

Priorisierung:

- Es ist wichtig, Ziele zu priorisieren und zu entscheiden, welche Ziele am wichtigsten sind und zuerst verfolgt werden sollten.

Verhandlungen:

- Durch Verhandlungen können die beteiligten Parteien gemeinsam Lösungen finden, die die verschiedenen Ziele bestmöglich in Einklang bringen.

Mediation:

- Eine neutrale Drittpartei kann als Mediator fungieren und dabei helfen, einen fairen und ausgewogenen Ansatz zur Lösung von Zielkonflikten zu finden.

Zielvereinbarung:

- Klare Kommunikation und Zielvereinbarungen können helfen, die Ziele aller Beteiligten zu berücksichtigen und eine gemeinsame Grundlage zu schaffen.

Interessenkonflikt

Offenlegung:

- Transparente Offenlegung aller potenziellen Interessenkonflikte gegenüber den relevanten Parteien oder der Öffentlichkeit.

Trennung von Interessen:

- Maßnahmen zur Trennung der betroffenen Interessen, wie zum Beispiel das Übertragen von Entscheidungsbefugnissen auf unparteiische Dritte.

Regelungen und Richtlinien:

- Entwicklung und Umsetzung von Richtlinien und Verhaltenskodizes zur Vermeidung von Interessenkonflikten.

Externe Überprüfung:

- Beauftragung externer Prüfer oder Gremien, um potenzielle Interessenkonflikte zu identifizieren und zu bewerten.

Schulungen:

- Regelmäßige Schulungen und Sensibilisierungsprogramme für Mitarbeiter und Entscheidungsträger, um Bewusstsein für Interessenkonflikte zu schaffen und angemessenes Verhalten zu fördern.

Beurteilungskonflikt

Klärung von Bewertungskriterien:

- Einigung auf klare und transparente Bewertungskriterien, um Missverständnisse zu vermeiden.

Offene Kommunikation:

- Förderung offener und respektvoller Kommunikation, um die unterschiedlichen Perspektiven und Meinungen zu verstehen.

Einsatz von Vermittlern:

- Ein neutraler Vermittler kann helfen, die unterschiedlichen Standpunkte zu moderieren und eine Einigung zu erzielen.

Schaffung einer Feedback-Kultur:

- Etablierung einer Kultur, in der konstruktives Feedback gefördert wird, um kontinuierliche Verbesserungen zu ermöglichen.

Gemeinsame Entscheidungsfindung:

- Einbeziehung aller betroffenen Parteien in den Entscheidungsprozess, um Konsens und Akzeptanz zu fördern.

Schulungen und Weiterbildungen:

- Durchführung von Schulungen zu Themen wie Kommunikation, Feedback und Konfliktbewältigung.

Beziehungskonflikt

Offene Kommunikation:

- Förderung einer offenen und ehrlichen Kommunikation, um Missverständnisse zu klären und die Perspektiven der anderen Person zu verstehen.

Empathie und Verständnis:

- Entwicklung von Empathie und Verständnis für die Gefühle und Bedürfnisse der anderen Person.

Konfliktlösungsstrategien:

- Einsatz von Konfliktlösungsstrategien wie Mediation, Verhandlung und Kompromissfindung.

Klärung von Erwartungen:

- Klärung und Abgleich der gegenseitigen Erwartungen, um Missverständnisse zu vermeiden.

Professionelle Hilfe:

- In schwierigen Fällen kann die Hinzuziehung eines professionellen Beraters oder Therapeuten hilfreich sein.

Regelmäßige Reflexion:

- Regelmäßige Reflexion über die Beziehung und die eigenen Verhaltensweisen, um kontinuierliche Verbesserungen zu ermöglichen.

Nachwort

Konflikte sind ein unvermeidlicher Bestandteil des menschlichen Zusammenlebens. Sie treten in vielen Bereichen unseres Lebens auf – in der Familie, am Arbeitsplatz, in der Gemeinschaft und im globalen Kontext.

Obwohl Konflikte oft als störend und unangenehm empfunden werden, bieten sie auch eine einzigartige Gelegenheit für persönliches Wachstum, verbesserte Beziehungen und organisatorische Verbesserungen.

In diesem Buch haben wir die verschiedenen Facetten von Konflikten beleuchtet – von ihrer Definition und den unterschiedlichen Arten bis hin zu den Ursachen und Strategien zur Konfliktbewältigung. Wir haben erkannt, dass Konflikte, wenn sie konstruktiv gehandhabt werden, wertvolle Erkenntnisse und positive Veränderungen hervorbringen können.

Reflexion und Perspektive

Konflikte zwingen uns, unsere eigenen Werte, Überzeugungen und Verhaltensweisen zu hinterfragen. Sie fordern uns heraus, über den Tellerrand hinauszuschauen und die Perspektiven anderer zu verstehen. Diese Reflexion und Erweiterung des Horizonts sind wesentliche Schritte auf dem Weg zu persönlicher Reife und Weisheit.

Kommunikation als Schlüssel

Eine der wichtigsten Erkenntnisse dieses Buches ist die zentrale Rolle der Kommunikation bei der Konfliktbewältigung. Offenheit, Ehrlichkeit und Empathie sind unerlässlich, um Missverständnisse zu klären und Lösungen zu finden. Durch die Verbesserung unserer Kommunikationsfähigkeiten können wir nicht nur Konflikte effektiver lösen, sondern auch tiefere und authentischere Beziehungen aufbauen.

Chancen und Wachstum

Konflikte bieten die Chance, unsere Problemlösungsfähigkeiten und unsere Kreativität zu stärken. Sie fördern Innovation und Anpassungsfähigkeit, indem sie uns zwingen, neue Wege zu finden und kreative Lösungen zu entwickeln. In der beruflichen Umgebung können konstruktiv gelöste Konflikte zu einem stärkeren Teamgeist und einer höheren Leistungsfähigkeit führen.

Rollenkonflikt

Prioritäten setzen:

- Klare Prioritäten setzen und entscheiden, welche Rollen und Aufgaben am wichtigsten sind.

Zeitmanagement:

- Effektives Zeitmanagement, um die Anforderungen der verschiedenen Rollen besser zu koordinieren und zu erfüllen.

Delegation:

- Aufgaben delegieren und Unterstützung von anderen in Anspruch nehmen, um die Belastung zu reduzieren.

Grenzen setzen:

- Klare Grenzen zwischen den verschiedenen Rollen setzen und diese kommunizieren, um Überlastung zu vermeiden.

Selbstfürsorge:

- Auf die eigene Gesundheit und das Wohlbefinden achten, um stressbedingten Erkrankungen und Burnout vorzubeugen.

Kommunikation:

- Offene und ehrliche Kommunikation mit den beteiligten Personen, um Erwartungen und Anforderungen zu klären und mögliche Konflikte zu besprechen.

Den Konflikt als Chance sehen

Konflikte werden oft als negativ und störend wahrgenommen, können aber auch zahlreiche Chancen und positive Auswirkungen haben, wenn sie richtig gehandhabt werden.

Hier sind einige Möglichkeiten, wie Konflikte vorteilhaft sein können:

1. Verbesserte Kommunikation

- Offenlegung von Problemen: Konflikte bringen oft Probleme und Missverständnisse an die Oberfläche, die ansonsten unentdeckt bleiben würden. Dies bietet die Gelegenheit, diese Probleme zu identifizieren und zu lösen.

- Förderung offener Dialoge: Durch die Notwendigkeit, Konflikte zu klären, werden offene und ehrliche Gespräche gefördert. Dies kann die Kommunikationsfähigkeiten der beteiligten Personen verbessern und zu einem besseren Verständnis führen.

2. Stärkung von Beziehungen

- Tiefere Bindungen: Wenn Konflikte konstruktiv gelöst werden, können sie zu tieferen und stärkeren Beziehungen führen, da die beteiligten Personen lernen, sich gegenseitig besser zu verstehen und zu respektieren.

- Vertrauensaufbau: Das gemeinsame Lösen von Konflikten kann das Vertrauen zwischen den beteiligten Parteien stärken, da sie sehen, dass sie auch schwierige Situationen gemeinsam bewältigen können.

3. Persönliches Wachstum

- Selbstreflexion: Konflikte bieten die Möglichkeit zur Selbstreflexion. Sie zwingen uns, unsere eigenen Verhaltensweisen, Überzeugungen und Reaktionen zu überdenken und gegebenenfalls zu ändern.

- Entwicklung von Problemlösungsfähigkeiten: Der Umgang mit Konflikten kann unsere Fähigkeit zur Problemlösung verbessern, da wir lernen, kreative und effektive Lösungen zu finden.

4. Förderung von Innovation und Kreativität

- Neue Perspektiven: Konflikte bringen oft unterschiedliche Perspekti Ideen ans Licht, die zur Entwicklung innovativer Lösungen führen kö

- Kreative Lösungen: Die Notwendigkeit, Kompromisse zu finden und divergierende Ansichten zu integrieren, kann kreative Denkprozesse und zu einzigartigen Lösungsansätzen führen.

5. Verbesserung der Teamdynamik

- Klarheit über Rollen und Erwartungen: Konflikte im Team können da führen, dass Rollen und Erwartungen klarer definiert und besser kommuniziert werden.

- Stärkere Zusammenarbeit: Durch die gemeinsame Bewältigung von Konflikten kann der Teamzusammenhalt gestärkt werden, was zu e effizienteren und harmonischeren Zusammenarbeit führt.

6. Steigerung der Leistungsfähigkeit

- Motivation: Konflikte können als Katalysator für Veränderungen di zu einer verbesserten Arbeitsleistung und höheren Effizienz führe

- Qualitätsverbesserung: Das Ansprechen und Lösen von Konflikter beitragen, Prozesse und Abläufe zu verbessern, was zu einer höhe Qualität der Ergebnisse führt.

7. Förderung von Resilienz

- Stärkung der Belastbarkeit: Der Umgang mit Konflikten kann die F Belastbarkeit der beteiligten Personen erhöhen, da sie lernen, mi Herausforderungen umzugehen.

- Erweiterung des Erfahrungsrepertoires: Jede konfliktbeladene S erweitert das Erfahrungsrepertoire und hilft, zukünftige Konflikt bewältigen.

Konflikte bieten zahlreiche Chancen für persönliches und berufliche verbesserte Kommunikation, stärkere Beziehungen und erhöhte Leistungsfähigkeit. Der Schlüssel liegt darin, Konflikte konstruktiv u lösungsorientiert anzugehen. Indem wir Konflikte als Gelegenheiter Verbesserung und Entwicklung sehen, können wir von den positiver profitieren und langfristig gestärkt aus ihnen hervorgehen.

Der Weg zur Resilienz

Indem wir lernen, Konflikte als natürliche und oft notwendige Aspekte des Lebens zu akzeptieren, entwickeln wir Resilienz. Diese Widerstandsfähigkeit hilft uns, zukünftige Herausforderungen besser zu meistern und aus schwierigen Situationen gestärkt hervorzugehen. Konflikte lehren uns Geduld, Flexibilität und die Fähigkeit, unter Druck zu wachsen.

Abschließende Gedanken

Konflikte sind keine Hindernisse, die es zu vermeiden gilt, sondern Gelegenheiten, die es zu nutzen gilt. Sie sind ein wesentlicher Teil des Lebens, der uns immer wieder daran erinnert, dass Wachstum und Veränderung oft durch Reibung entstehen. Durch den konstruktiven Umgang mit Konflikten können wir nicht nur unsere eigenen Fähigkeiten und Beziehungen verbessern, sondern auch einen positiven Einfluss auf unsere Gemeinschaften und Organisationen ausüben.

Mögen Sie, liebe Leserinnen und Leser, die in diesem Handbuch vorgestellten Strategien und Einsichten nutzen, um Konflikte in Ihrem eigenen Leben und Umfeld als Chancen für Entwicklung und positive Veränderung zu sehen. Mit diesem Verständnis und den erworbenen Fähigkeiten sind Sie bestens gerüstet, um die Herausforderungen des Lebens erfolgreich zu meistern und dabei sowohl persönlich als auch beruflich zu wachsen.

Vielen Dank für Ihre Aufmerksamkeit und Ihr Engagement auf dieser Reise des Lernens und der Weiterentwicklung.

Mit den besten Wünschen,

Martin Breese

www.ingramcontent.com/pod-product-compliance
Lightning Source LLC
Chambersburg PA
CBHW061321250726
48653CB00002B/986